# Tabla de Contenidos

INTRODUCTION

SUPERAR OBSTÁCULOS

# Introducción

Desplazándose por las redes sociales, es probable que vea una docena de vidas perfectas que no coinciden con las suyas. Al desplazarse, es probable que sienta que su vida no coincide con la de los demás, especialmente cuando un desafío o dificultad viene en su camino.

Sin embargo, les voy a dejar entrar en un pequeño secreto. Todo el mundo se enfrenta a obstáculos. Si eligen o no compartir esos obstáculos para que otras personas los vean depende de ellos. En lugar de detenerse en comparar sus obstáculos con los demás, es más útil centrarse en usted mismo, preparar su mindset para superar el obstáculo y convertirlo en éxito.

Pero, ¿cómo se hace eso? Muchos obstáculos se sienten desalentadores e imposibles de superar. Como resultado, es fácil desilusionarse o abandonar el obstáculo por completo. O, como algunas personas, usted puede conseguir resentido de otros que parecen superar cualquier obstáculo y convertirlo en éxito con facilidad.

Tanto la renuncia como el resentimiento son inútiles. Al cambiar tu mentalidad, puedes convertirte en alguien que convierte los obstáculos en éxito. No me malinterpreten, tomará mucho trabajo duro, determinación y sangre, sudor y lágrimas, pero usted también puede superar cualquier obstáculo y transformarlos en éxito.

En este libro, te vamos a contar cómo hacerlo. Comenzamos por ver qué son los obstáculos y cómo debe percibirlos.

A partir de ahí, observamos puntos importantes como por qué la percepción es importante y el nivel de control que tiene sobre los obstáculos. Estos primeros capítulos son cruciales para establecer una base sólida para superar los obstáculos.

A continuación, le damos los dos pasos más importantes para superar activamente sus obstáculos, incluida la identificación de ellos y el establecimiento de objetivos para la acción directa. Finalmente, terminamos discutiendo la importancia de enfocarse en uno mismo, la resiliencia emocional y la práctica continua.

Juntos,esos capítulos te dan un plan clave no solo para superar un obstáculo en tu vida, sino cómo aprender de tus obstáculos para que puedas convertir cualquier desafío que enfrentes en éxito.

Ya sea que te estés enfrentando a un obstáculo importante en este momento o quieras better tu vida, usa este libro como una guía para transformar cualquier desafío en un éxito. Comencemos.

# THE TRUTH ABOUT OBSTACLES

# LA VERDAD SOBRE LOS OBSTÁCULOS

Antes de saltar a cómo superar los obstáculos, es necesario saber acerca de la realidad de ellos.

Todo el mundo sabe lo que es un obstáculo, pero la mayoría tiene una idea poco realista y deformada al respecto. En lugar de ver los obstáculos como oportunidades de crecimiento, la gente vecomo eventos que trabajan en su contra. Esta idea poco realista hace que sea mucho más difícil superar su obstáculo y transformarlo en éxito.

Con eso en mente, necesitas saber la verdad sobre los obstáculos: los obstáculos no son todos malos. Sé que esta idea suenaun poco radical, pero es cierto. Al igual que todo lo demás en la vida, los obstáculos vienen con aspectos positivos y negativos. Reconocer a ambos lados le ayudará a superar el obstáculo de manera rápida y eficiente.

### ¿Por qué mirar tanto los negativos yPosit ives importa

Cada vez que un obstáculo viene en su camino, es importante recordar este hecho. Si solo te enfocas en lo negativo, lo que la mayoría de la gente hace, es mucho más fácil angustiarse, abrumarte y deprimirte por la situación. Esto hará que sea más difícilsuperar el obstáculo y convertirlo en éxito.

Sin embargo, si nos fijamos en lo negativo y lo positivo, se ve el obstáculo bajo una luz mucho más realista. Esta comprensión realista de los obstáculos le permite pensar racional y claramente sobre la tarea en cuestión. A partir de ahí, puede comenzar a superar su obstáculo en lugar de sentirse abrumado por él.

Sin mencionar que te llevas la mayoría de los aspectos negativos de los obstáculos cada vez que ves los aspectos positivos. Esto hará que sea mucho más fácil y más agradable luchar contra sus obstáculos, incluso si usted no está teniendo éxito necesariamente tan rápido como le gustaría.

## Posibles negativos de los obstáculos

Obviamente, los obstáculos vienen con varios aspectos negativos. A pesar de que usted no debe quedar atrapado en los aspectos negativos, usted debe ser consciente de ellos para que usted sabe cómo ir mejor sobre su situación y overcome el obstáculo. Cada vez que eres consciente de los aspectos negativos, se te devuelve más poder.

Como resultado, puedes comenzar a dominar el obstáculo porque los negativos son tuyos. Reconocerlos simplemente los hace menos aterradores.

La negati ves exactadel obstáculo dependerá del desafío. Por ejemplo, su obstáculo puede ser encontrar un nuevo trabajo. En este caso, los aspectos negativos podrían ser que usted está bajo estrés financiero, necesidad de mudarse, o algo más relacionado con el trabajo real. Estos aspectos negativos son  diferentes de los negativos de un obstáculo diferente, como los problemas de relación.

Además de los negativos centrados en el obstáculo, algunos negativos son comunes en todos los obstáculos. Lo más notable es que los obstáculos requieren que trabajes. Si ya tiene un trabajo de tiempo completo y otras responsabilidades, la responsabilidad adicional de superar el obstáculo puede tomar mucho de su tiempo y energía, incluso para las personas más trabajadoras.

No solo eso, sino que los obstáculos te desafían física, mental y emocionalmente. Cada vez que te encuentras en un nuevo obstáculo, te ves obligado a desafiarte a ti mismo para crecer como persona. Este proceso ocupa, una vez  más, mucha energía, y puede traer muchas emociones negativas dependiendo de la situación.

El esfuerzo requerido y la emociónal agitación que vienen con la mayoría de los obstáculos son lo que hacen que los obstáculos tan terribles. A la mayoría de la gente no le gusta el trabajo extra. Por lo tanto, llegan a odiar los obstáculos.

## Positivos garantizados de obstáculos

Además de los aspectos negativos, los obstáculos tienen muchos aspectos positivos. La mayoría de las personas no ven estos aspectos positivos, y se centran en los aspectos negativos en su lugar. Aunque esto es increíblemente tentador de hacer, usted debe hacer todo lo posible para mantener los aspectos positivos en su mente. Los aspectos positivos le ayudarán a superar los obstáculos, mantenerse motivado y disfrutar del proceso.

## Te obliga a crecer

El mayor positivo de cualquier obstáculo es que te desafía a crecer. A pesar de que los desafíos vienen con mucho trabajo duro y esfuerzo, es la única manera de que te conviertas en la persona que quieres ser. En otras palabras, los desafíos te hacen una mejor persona.

Algunos obstáculos pueden hacerte físicamente mejor, como un susto de salud sin precedentes, mientras que otros te harán emocionalmente más resistente. Noimporta cómo el obstáculo te haga crecer. Lo que importa es que crezcas y te conviertas en una mejor persona al final de todo.

## Te ayuda a conocerte mejor a ti mismo

Otro beneficio para salir de los obstáculos es que te conoces mejor a ti mismo. Amenudo estamos entrenados para conocer a nuestros compañeros de trabajo, familiares y amigos, pero a menudo nos olvidamos de conocernos a nosotros mismos. Esto hace que sea más difícil para nosotros confiar en nuestros propios pensamientos y saber lo que queremos de la vida.

Los obstáculos nos obligan a reflexionar sobre nosotros mismos y sobre el mundo. Nos enseña nuestras fortalezas, debilidades y límites. Esto nos permite conocernos a nosotros mismos de una manera que no sería posible sin obstáculos.

## Mejora la autoestima

A medida que crecemos y nos conocemos mejor a nosotros mismos, nuestra autoestima también crece. Por lo tanto, los obstáculos conducen a una mayor autoestima, que es su tercer beneficio. La autoestima es lo que nos ayuda a conocer nuestro valor fuera de nuestros logros y talentos. Es necesario para una vida feliz y funcional.

## Mejora las relaciones

El último beneficio de los obstáculos es que pueden mejorar nuestras relaciones. Es probable que haya notado que las personas con dificultades compartidas tienden a ser algunas de sus relaciones más fuertes y confiables. A medida que pasas por obstáculos, te vuelves más empático y able para comunicarte con otras personas en situaciones similares.

**recauchutar**

Con todo, los obstáculos no son algo completamente malo. A pesar de que son mucho trabajo y pueden poner una tensión en su vida, que le obligan a crecer, le ayudan a conocerse a sí mismo, aumentar su autoestima, y mejorar sus relaciones. Recordar estos aspectos positivos y negativos te ayudará a superar el obstáculo debido a tu mentalidad realista y racional.

# PERCEPTION MATTERS

# LA PERCEPCIÓN IMPORTA

Una cosa que tocamos en el último capítulo pero que no discutimos explícitamente es el tema de la percepción. Nuestras percepciones son cómo interpretamos los eventos o las personas en función de nuestras experiencias sensoriales. A pesar de que nuestras percepciones son todo lo que sabemos, la forma en que percibimos un evento puede no ser exacta a cómo se desarrolla en la vida real.

Probablemente lo suficiente, nunca podemos escapar de nuestras percepciones, no importa lo mucho que lo intentemos. De hecho, las percepciones alteran cada aspecto de nuestro día a día. La forma en que percibimos el mundo en última instancia determines muchas de nuestras situaciones y emociones.

Debido a lo importante que es la percepción en nuestra vida, tu percepción del obstáculo determinará en gran medida cómo lo manejas y si puedes o no superarlo. Mejora tu percepción de los obstáculos para ayudarte a convertir cualquier obstáculo en éxito.

**Lo que la psicología dice acerca de la percepción**

La psicología ha hecho mucha investigación sobre la percepción. Como ya mencionamos, la psicología determina que nuestra percepción está determinada por nuestra experiencia sensorial con el mundo, yoaning nuestro sentido de la vista, el olfato, el tacto, y más.

Más aún, la psicología ha encontrado que determina cómo respondemos a nuestros obstáculos. Por ejemplo, si vemos negativamente los obstáculos, es más probable que nos rindamos y nos sintamos derrotados por ellos. En contraste, tener una mentalidad optimista  sobre el obstáculo nos hace más propensos a superar el obstáculo y tener éxito.

Lo más útil que nos dice la psicología sobre la percepción es que tenemos cierto control. Aunque es imposible tener un control completo, podemoscambiar nuestras percepciones prestando atención, convirtiendo intencionalmente nuestra percepción en significado, actuando en consecuencia y practicando con nuestra nueva mentalidad.

- ▢ Presta atención: ¿Cuál es tu percepción de un evento? ¿En qué se diferencia de la realidad? ¿Cómo lo sabes?

- ▢ Dale sentido a tu percepción: ¿Qué significa para ti? ¿Estás de acuerdo con este significado? ¿Deberías cambiar el significado?

- ▢ Actuar en consecuencia: ¿Cómo reflejan mis acciones mi visión de la situación?

- ▢ Práctica: ¿Cuáles son las formas en que puedo incorporar esta nueva mentalidad en mi vida cotidiana?

Lo que esto significa para los obstáculos es que puedes convertir tu percepción o mentalidad negativa en una positiva. Simplemente con la acción intencional y dedicada, usted puede encontrarse más propenso a tener éxito cambiando su mindset.

Como usted está tratando activamente de cambiar su mentalidad, lo mejor es medir su progreso tomando notas o utilizando alguna aplicación. Continúe actuando de acuerdo con esta nueva mentalidad y realice un seguimiento de su progreso. Mantente optimista incluso cuando es difícil, y serásgin para ver tu cambio de mentalidad.

## Mentalidades populares

Dado que la percepción importa, probablemente te estés preguntando qué tipo de mentalidad deberías tener. Hay tres mentalidades populares, pero sólo una conducirá al éxito a largo plazo. La mentalidad fija, la mentalidad mixtay la mentalidad de crecimiento son las tres mentalidades populares que la gente, sin saberlo, tiene.

## Mentalidad fija

La mentalidad fija nos dice que nacemos con talentos y habilidades. No podemos mejorar realmente nuestros talentos, lo que significa que nuestro éxito depende totalmente de nuestra genética. Por ejemplo, una mentalidad fija te diría que nunca puedes obtener una buena calificación en la escuela sinque no eres inteligente.

Esta mentalidad es increíblemente popular, pero es perjudicial. Nos quita cualquier poder sobre nuestras propias circunstancias y lo achaca a nuestras capacidades naturales. No solo eso, sino que la mentalidad fija es falsa.

En el ejemplo mencionado en el último párrafo, un estudiante asume que nunca puede obtener una buena calificación porque no es inteligente. A excepción de las discapacidades de aprendizaje graves, la mayoría de los estudiantes pueden obtener una buena calificación con trabajo duro y esfuerzo, incluso si no son los más inteligentes naturalmente. Esto demuestra que  la mentalidad fija es falsa.

## Mentalidad de crecimiento

Lo opuesto a la mentalidad fija es la mentalidad de crecimiento. La mentalidad de crecimiento te dice que tienes ciertas habilidades y fortalezas naturales, pero puedes nutrir tus debilidades y crecer como persona. Porejemplo, una mentalidad de crecimiento puede decirte que no eres el más fuerte en matemáticas, pero puedes mejorar con dedicación y trabajo duro.

La mentalidad de crecimiento es, con mucho, la mejor mentalidad para superar obstáculos y tener éxito. Evita que te agobies y te des por vencido cuando te enfrentas a un nuevo desafío. En cambio, te ayuda a mantenerte enfocado y motivado para mejorarte a ti mismo.

Si quieres superar cualquier obstáculo, debes comenzar a cambiar tu mentalidad de una versión fija a una versión de crecimiento.

**Mentalidad mixta**

En el proceso de cambiar de una mentalidad fija a una mentalidad de crecimiento, es probable que te encuentres con una mentalidad mixta. Una mentalidad mixta es aquella que está entre una mentalidad fija y una de crecimiento. A veces, te encontrarás pensando en términosfijos, pero te encontrarás pensando en términos de crecimiento en otras ocasiones.

A pesar de que no estás donde quieres estar cuando te encuentras con una mentalidad mixta, es una mejora con respecto a antes. Usted debe estar emocionado de que usted está haciendo progresos y mantener up el trabajo duro. Continúe haciendo un seguimiento de su progreso e intencionalmente tenga una mentalidad de crecimiento para alejarse de su forma fija de pensar por completo.

**recauchutar**

Cuando se trata de obstáculos, la percepción puede hacerte o romperte. Aunque es fácil tener una mentalidadfija, una mentalidad de crecimiento le ayudará a superar cualquier obstáculo y transformarlo en éxito. Realice un seguimiento de su progreso, actúe con una mentalidad de crecimiento en su visión y manténgase optimista para convertir su pensamiento fijo en oportunidades de crecimiento.

YOU'RE NOT
IN CONTROL

# NO TIENES EL CONTROL

Además de la mentalidad y la percepción, la forma en que veas el control determinará en gran medida si superas tu obstáculo. La ilusión de que tenemos el control es en gran parte la culpable de muchos de los retos a los que nos enfrentamos, pero el obstáculo esilusorio.

En primer lugar, tenemos que reconocer que no tenemos tanto control como nos gustaría. Como humanos, naturalmente queremos control sobre nuestras vidas enteras. A pesar de este fuerte impulso de tener el control, sólo tenemos el control de muy poco.

Al tratarde controlar cosas que están completamente fuera de nuestro ámbito de control, muchos obstáculos se sienten abrumadores y desalentadores. Eso es porque lo son. Vernos a nosotros mismos como en control crea innumerables obstáculos inventados que no tenemos forma de superar. Es essential para aprender esta lección si usted va a superar los obstáculos.

**Saber cuándo dejar ir**

Debido a esta cuestión de control, muchos de nosotros nos aferramos a obstáculos a los que no tenemos por qué aferrarnos. Serán obstáculos que no tendremos ninguna posibilidad de superar.

Cada vez que tratamos de superar obstáculos que no podemos superar, nos agobiamos y nos culpamos a nosotros mismos. Lo más probable es que su incapacidad para superar un obstáculo no tenga nada que ver con usted, sino con los hechos del asunto.

Con esto en mente, es importante recordar que no debe quedar atrapado en cosas que no están en su control. Centrarse en cosas fuera de su control perder su tiempo y energía, y puede dañar su autoesteem. Concéntrese solo en asuntos en los que tenga al menos un control parcial.

Cada vez que te encuentres enfrentando un obstáculo que no estés seguro de si debes controlar, es posible que desees evaluarlo. Si no puede controlar el resultado del obstáculo de ninguna manera, déjelo ir. Saber si te dejas ir o nopuede ser difícil, pero hay dos cosas a tener en cuenta:

1. Los hechos

2. Tus emociones

Los hechos del obstáculo y sus emociones determinarán si usted está o no en control del resultado y si usted debe dejarlo ir. Los hechos delob stacle incluyen cualquier cosa que sea un requisito para que el obstáculo sea superado.

Por ejemplo, digamos que su obstáculo es que ha sido despedido y necesita dinero. Los hechos incluirían cuánto tiempo puede pasar sin un ingreso, el número de personas que dependen de usted y cualquier otra cosa que se pueda determinar objetivamente.

Además de los hechos, debes considerar tus emociones. Tus emociones determinarán en gran medida si el obstáculo vale la pena para ti. A veces, el obstáculo está en su control, y los hechos permiten que you para superarlo. Sin embargo, tus emociones pueden decirte que el obstáculo no vale la pena.

Veamos un ejemplo. Supongamos que su pareja consigue un nuevo trabajo y debe mudarse por todo el país. El obstáculo frente a usted es si usted debe o no move o estar en una relación a largo plazo.

Ambas opciones son factibles, pero tus emociones pueden decirte que no quieres moverte y que no puedes tolerar una relación a larga distancia. En ese caso, tus emociones te dicen que este obstáculo no vale la pena y que potencialmente deberías romperte.

Al mirar los hechos y sus emociones, usted debe ser capaz de determinar si un obstáculo vale la pena. Si el obstáculo no lo es, dénlo por vencido y seguir adelante con su vida. Aunque esto puede tomar mucha fuerza y resiliencia, le hará la vida mucho más fácil.

## Cómo soltar el control

Para seguir adelante, tienes que reconocer y soltar el control. Para la mayoría de la gente, esto puede no ser fácil. Aquí hay algunos pasos de acción útiles para ayudarle a soltar el control y conseguir back a vivir una vida que disfruta.

## Concéntrese en lo que puede controlar

El primer paso para dejar ir el control es centrarse en lo que se puede controlar y reconocer lo que no se puede. Lo que puedes controlar solo se relaciona contigo, y la lista es muy pequeña. Suapariencia, atención plena, aspectos de su salud y productividad son ejemplos de cosas que están dentro de su control.

Cualquier situación que involucre a otra persona no está completamente bajo su control. Puedes controlar cómo respondes a la otra persona, pero no puedes controlar cómo actúan o la situación.

## Observe su patrón de reacción

Su patrón de reacción es cómo reacciona a otra persona o situación. La mayoría de las veces, nuestras emociones conducen a nuestras reacciones. Esto no es necesariamente malo, pero puede significar que reaccionas mal, lo que perjudica tu capacidad para superar el obstáculo.

Observe su patrón de reacción para cambiar el resultado. Su patrón de reacción incluirá el desencadenante, la reacción de estrés, el pensamiento negativo, el sentimiento negativo, el comportamiento reactivo y la consecuencia. Take un segundo para reflexionar sobre este patrón de reacción para que sepas cómo reaccionas.

Si usted piensa que su reacción es pobre y conduce a malas consecuencias, es necesario romper el patrón. Esto implica notar el desencadenante, respirar y ser compasivo contigo mismo y con los demás durante el proceso. Además, convierta su pensamiento negativo en uno más realista.

Cambiar su patrón de reacción le dará mucho más control sobre sí mismo. Aún así, no cambiará completamente el escenario, pero ayudará a cómo reaccionas a él y tus sentimientos.

## Mantras

También puedes usar mantras para ayudar a soltar el monstruo de control dentro de ti. Los mantras son refranes rápidos y útiles que te recitas a ti mismo durante todo el día. Los estudios han demostrado que los mantras funcionan si los estásepeat a ti mismo con frecuencia.

Cambian la forma en que piensas y, por lo tanto, cambian la forma en que reaccionas. Aquí hay una lista de mantras útiles para soltar el control:

- Dejé desteyen la necesidad de controlar a los demás.

▢ Dejé ir cualquier cosa fuera de mi control.

▢ Me controlo a mí mismo y a mi felicidad.

▢ Sólo me controlo a mí mismo y a mis reacciones.

**recauchutar**

Nuestra necesidad de control convierte en obstáculos cosas que deberíamos dejar pasar. Aprenda a identificar cuando los obstáculos no son worth su tiempo. Luego, trabaja para dejar ir tu necesidad de controlar todo para volver a tu vida y solo enfrentar obstáculos que valgan la pena.

# IDENTIFYING OBSTACLES

# IDENTIFICACIÓN DE OBSTÁCULOS

Ahora que hemos establecido el terreno para superar los obstáculos, podemos profundizar en cómo convertirlos en éxito. Al igual que con cualquier otro challenge que pueda venir en su camino, el primer paso para superar su obstáculo es identificarlo. Para decirlo de otra manera, es necesario saber cuál es el obstáculo y clasificarlo.

Identificar el obstáculo te hará más consciente de los aspectos positivos, negativos, tus propios sesgos y lo que debes hacer para superarlo. Si no identificas tu obstáculo, será imposible encontrar los pasos de acción a seguir. Aunque existenobstáculos éticos, muchos podrían clasificarse en grupos más grandes, como enfrentarse a las finanzas desconocidas o limitadas.

En este capítulo, vamos a echar un vistazo a las clasificaciones más comunes para los obstáculos. Usted puede notar que el obstáculo en frente de usted es una mezcla de más de una categoría. Eso es totalmente normal. Echemos un vistazo a lo que son estos tipos de obstáculos comunes.

**Tipos de obstáculos comunes**

**Frente a lo desconocido**

Uno de los tipos de obstáculos más generales es enfrentarse a lo desconocido. Enfrentarse a lo desconocido esque te encuentres en una situación que es territorio desconocido. Cada vez que te mudas, consigues un nuevo trabajo o hablas con una nueva persona, podrías encontrarte frente a lo desconocido.

Este obstáculo será increíblemente difícil para aquellos con ansiedad, introvertidas ybaja autoestima. Esto se debe a que se necesita mucho coraje y confianza para superar este obstáculo y hacer que lo desconocido sea familiar.

La mejor manera de superar este obstáculo es recordarte a ti mismo que todo el mundo ha estado en una situación similar antes, y la mayoría dela gente no te va a juzgar. Además, trabaja en tu autoestima para confiar más en ti mismo y en tu capacidad de actuar en lo desconocido.

**Presión para ser alguien que no seas tú mismo**

Otro obstáculo que puede enfrentar es presionarpara ser alguien que no sea usted mismo. Esta presión puede provenir de la familia, los amigos o la sociedad. Algunas personas luchan con este obstáculo más que otras. Las mujeres se enfrentan especialmente a este obstáculo, pero los hombres también.

Para superar este obstáculo, necesitas saber dónde trazar la línea entre ti y los demás. ¿Cuáles son sus valores? ¿Qué piensas de ti mismo? ¿Qué quieres de la vida? Hacer este tipo de preguntas aclarará dónde terminas, y otras personas comienzan.

Para hacer frente a este obstáculo, debe trabajar en el establecimiento de límites. Una vez que trazas la línea y creas un límite duro entre ti y los demás, tienes que tener el coraje y la voluntad de seguir adelante. Es posible que deba trabajar en su confianza en sí mismo y su autoestima para mantener los límites.

**Finanzas limitadas**

Las finanzas limitadas son un obstáculo increíblemente difícil. En muchas situaciones, las finanzas limitadas se deben a algo fuera de su control.

Perder un trabajo, dar la bienvenida a un nuevo miembro a la familia, un accidente inesperado y más pueden conducir a un obstáculo financiero limitado.

A diferencia de los dos últimos obstáculos, este requerirá pasos de acción mucho más tangibles y definitivos. Esto incluye crear un presupuesto, saber cuánto más dinero necesita ganar y más. También puede requerir que usted busque un nuevo trabajo o pida un cónyuge para ayudar financieramente.

Junto con los problemas obvios que vienen con las finanzas limitadas, como no pagar una factura, también habrá otros obstáculos que tendrá que enfrentar, como las relaciones tensas, enfrentar lo noconocido y más.

**Problemas de relación**

Las relaciones son una de las áreas más frecuentes de obstáculos. Como seres humanos, todos tenemos derecho a nuestros pensamientos y acciones, pero a menudo sentimos que todos deben estar en línea con nuestros propios pensamientos. Como resultado, se puede crear mucha tensión, y es más difícil superar estos obstáculos ya que involucra a otra persona totalmente autónoma.

A menudo, un obstáculo en una relación es un evento o patrón muy específico. Para identificar el obstáculo, es necesario hablar conla otra persona para determinar su lado de la historia. Trabaje con la otra persona para crear pasos de acción para eliminar el obstáculo en el futuro.

A veces, el obstáculo puede ser irreconciliable. Por ejemplo, es posible que su pareja no quiera tener hijos mientras usted lo hace. A menudo, la única estrategia para superar este obstáculo es separarse y encontrar una nueva pareja con el mismo objetivo y deseo de tener hijos que usted.

También puede tener obstáculos relacionados con problemas con sus amigos, padres o hijos, no solo con su pareja romántica. Aborde su resolución de la misma manera.

## Qué hacer después de identificar el obstáculo

Una vez que identifique el obstáculo, es importante crear pasos de acción que estén directamente relacionados con el problema en cuestión. Los pasos de acción le dan algo tangible que hacer para superar el obstáculo. Sus pasos de acción no deben ser demasiado elevados, pero deben instead ser más como mini-objetivos. Hablaremos más sobre esto en el próximo capítulo.

Además de los pasos de acción, es posible que debas reflexionar sobre ti mismo. Ciertos obstáculos tendrán un gran costo en su bienestar emocional y mental. Reflexiona sobre ti mismo y prestaatención a tus emociones. Muchas personas se sienten tentadas a dejar sus emociones a un lado para superar el obstáculo rápidamente.

Ignorar por completo tus emociones es tan peligroso como dejarte llevar por ellas. Considera tus emociones y úsalos como direcciones parael aprendizaje. Dependiendo de dónde se interponga emocionalmente, es posible que desee consultar en un libro de autoayuda o ver a un terapeuta para trabajar a través de los problemas.

Más veces de lo que piensas, el verdadero obstáculo se encuentra entre tus oídos, no en el mundo real. Tómese el tiempo para reflexionar sobre sí mismo, sus metas y sus deseos de llegar a una comprensión firme de dónde se encuentra.

**recauchutar**

El primer paso para superar el obstáculo es identificar el problema exacto. Puedes hacer esto dividiendo el obstáculo en categories, lo que ayudará al obstáculo a ver más tangible en tu mente. A partir de ahí, crea pasos de acción y vuelve a tocar tus emociones para buscar una resolución activamente.

SET GOALS

# ESTABLECER OBJETIVOS

Como mencionamos en el último capítulo, los objetivos son una forma importante de superar los obstáculos y transformarlos en éxito. Sin embargo, los objetivos son más desafiantes de lo que podrías pensar. Muchas personas no tienen idea de la creación de metas y el seguimiento, por lo que es difícilsuperar los obstáculos.

En este capítulo, vamos a ver cómo debe establecer metas para superar sus obstáculos. Estos objetivos se pueden denominar objetivos SMART. Echemos un vistazo.

**Objetivos SMART**

El mejor tipo de objetivos a establecer se denominan objetivosSMART. SMART es un acrónimo de específico, medible, alcanzable, realista y oportuno. La incorporación de estos cinco aspectos en sus objetivos garantiza que sean manejables y que usted sea capaz de alcanzarlos.

Un objetivo específico es aquel que tiene uno enmente. Debe estar increíblemente enfocado para que tenga una idea específica de lo que necesita lograr. Más que eso, el objetivo específico debe ser medible. Esto significa que usted necesita ser capaz de medir si usted logró o no el objetivo.

Además de eso, tiene que ser alcanzable y realista. No tiene sentido establecer un objetivo que no se puede lograr o que está totalmente fuera de sus capacidades. Por último, establezca un marco de tiempo por el que necesita para lograr el objetivo. Esto te mantendrá motivado.

Por ejemplo, digamos que el obstáculo frente a usted es que necesita perder peso. El objetivo debe ser perder 25 libras en 3 meses. Este objetivo de pérdida de peso de 25 libras es específico, medible, alcanzable, realista y oportuno.

## SUPERARLOS OBSTÁCULOS

### ¿Qué pasa si no puedo llegar a un objetivo SMART?

Diga que ha estado pensando en un objetivo SMART y siga sin llegar a nada. Si se encuentra en esta situación, puede pedirle consejo a un amigo cercano o familiar. Es posible que puedanmostrarte una nueva perspectiva en la que no habías pensado.

Si todavía no eres capaz de llegar a un objetivo SMART, entonces lo más probable es que no tengas el control de la situación. Si usted no tiene control sobre él, entonces no hay manera de establecer una meta para lograrlo. Puede establecer metas para aliviar los síntomas del obstáculo, pero no puede garantizar el éxito.

Es posible que se topse con este problema si su obstáculo involucra a otra persona. Digamos que su pareja quiere dejarlo, y usted no quiere un divorcio. Dado que hay otra persona igualmente autónoma involucrada, no tienes control completo sobre la situación. Como resultado, es posible que no pueda establecer objetivos SMART para garantizar el éxito en la situación.

Sin embargo, puede llegar a objetivos SMART para ayudarle a superar el proceso o relacionarse mejor con su pareja. Hable a través de la situación con su pareja para tratar de llegar ala misma página. A partir de ahí, establecer metas para disminuir el golpe. Esto puede implicar asesoramiento, centrarse en sus pasatiempos, o algo más sobre lo que usted tiene control.

## Seguir a través de

Tus objetivos no son nada si no los sigues. Una vez que establezcas tus metas, encuentra una manera de motivarte a seguir trabajando en ellas. Los objetivos SMART son la mejor manera de mantenerse al día y mantenerse motivados. Sin embargo, incluso con los objetivos SMART, tienes que seguir trabajando.

Es posible que desee crear recompensas para usted después de dividiru p el objetivo SMART en objetivos más pequeños o mini-objetivos. Cada vez que alcanzas un mini-objetivo, te recompensas a ti mismo. Esto te mantiene emocionado y listo para cumplir con el próximo minigoal.

Comprométete. Muchas personas establecen metas, pero en realidad no se comprometen con ello. Asegúrese deque t usted sigue a través de no darse la oportunidad de aflojar. Así como responsabilizarías a otra persona por cumplir con sus compromisos, también te responsabilizarías a ti mismo.

## Sea flexible

Cuando hablamos de objetivos, estaríamos a un error por no mencionar la flexibilidad. Cuando la mayoría de las personas se fijan metas, son muy rígidas y se niegan a doblarse. Esta es casi una forma garantizada de fallar y no superar su obstáculo. En cambio, debes ser flexible, incluso cuando se trata de objetivos.

A veces, los planes cambian, elobstacl e cambia o sus prioridades cambian. Cuando esto sucede, usted tiene que ser capaz de cambiar su enfoque y objetivos para reflejar esta ocurrencia. Si no, las metas estarán desconectadas de donde estás en la vida. Los objetivos demasiado rígidos están destinados a romperse con el tiempo.

Instead de ver los objetivos como algo rígido, verlos como fluidos. Sea rígido en el seguimiento de sus objetivos, pero esté dispuesto a cambiarlos si lo necesita. Cada vez que los planes cambian, los objetivos flexibles se doblarán con la presión en lugar de romperse.

**recauchutar**

Goals ayudarle a lograr sus obstáculos. Establezca objetivos SMART para mantenerlo motivado y con más probabilidades de convertir sus obstáculos en éxito. Aunque tendrás que comprometerte contigo mismo y hacerte responsable, las metas son realmente la única manera de no ser destruido pory nuestros propiosobstáculos.

FOCUS ON
YOURSELF
FOCUS

# ENFÓCATE EN TI MISMO

No podemos hablar de superar obstáculos sin discutir la importancia de enfocarnos en uno mismo y no compararnos con los demás. Debido a las redes sociales y muchos otros factores hoy en día, es más fácil que nunca compararse con otra persona.

Haceresto es perjudicial para nuestro crecimiento, éxito y bienestar. Sin mencionar que hace que superar obstáculos sea casi imposible y pone nuevos obstáculos en nuestro regazo.

Para superar los obstáculos, tienes que romper este hábito inmediatamente. Toda su salud ybienestar cambiarán para mejor. Aunque es fácil compararse con los demás cuando te enfrentas a un obstáculo, tienes que evitarlo.

**Por qué no deberías compararte con los demás**

La razón principal por la que no debes compararte con los demás al superar cualquier obstacle es para crear más barreras en el proceso. En otras palabras, hace una montaña de una colina. Si ya estás estresado por el obstáculo principal, no quieres hacer que el proceso sea más difícil de lo que tiene que ser.

Además, comparar tuself con otros puede dificultar tu capacidad para vivir la vida que deseas. Cuando te comparas con otra persona, te estás viendo a ti mismo y a ellos a través de su perspectiva. Hacerlo significa que no estás valorando tus opiniones y pensamientos tan altamente como lo haces.

Si continúas valorando los ideales de otra persona por encima de los tuyos, puede ser imposible superar un obstáculo o crear la vida que deseas. Solo concéntrese en usted mismo y deje de compararse con los demás para evitar que esto suceda.

## Compararse con los demás crea nociones poco realistas

Hay algunas razones por las que compararse a sí mismo no solo es malo, sino también poco realista. Lo más importante es que nunca se obtiene la imagen completa cuando se mira a alguien desde el exterior. A la gente le gusta parecer mejor de lo que está, por lo que solo muestran los lados buenos.

Cuando te comparas con los demás, te estás comparando con un estándar poco realista. No estás viendo las dificultades, obstáculos o desafíos que tuvieron que enfrentar para llegar a donde están. Esto te deja con una comprensión poco realista de dónde deberías estar.

Otra razón por la que compararse con los demás es poco realista es que simplemente no es relevante para usted. Incluso si pudieras obtener la imagen completa, que no puedes, no es tu vida. Gastar tu energía comparándote con los demás es unacompleta pérdida de tiempo.

## ¿Qué debe hacer en su lugar?

En lugar de compararte con los demás, debes reflexionar sobre tus propios deseos y deseos. Esto te dará una idea fuerte sobre dónde estás y dónde quieres estar. Es la forma más útil yrealista de superar cualquier obstáculo.

Si tienes que compararte con alguien, compara tu yo actual con tu yo pasado. Ya deberías haber crecido, y el hecho de que estés tomando tanto esfuerzo para romper tus lazos comparativos muestra que hasimprovisado. Compárese con su yo pasado para un mayor crecimiento.

Por supuesto, está bien hablar con otras personas y obtener su consejo. Otras personas han pasado por situaciones similares a las de usted. Hable con ellos para averiguar lo que dicen sobre la situación. Sin embargo, no hagassus consejos a ciegas.

Compárelo con sus propias ideas y deseos y vaya a partir de ahí.

## Cómo dejar de compararse con los demás

Estas son algunas maneras de dejar de compararse con los demás:

## Sea consciente de sus desencadenantes

Sé consciente de tus desencadenantes, que son cosas que te hacen sentir inadecuado y te llevan a compararte con los demás. Los desencadenantes pueden ser ciertas personas en las redes sociales o que entran en ciertas tiendas. Sea consciente de sus desencadenantes, para que sepa cuándo es probable que se compare con los demás.

Ence sabes dónde están tus gatillos, haz todo lo posible para evitarlos. Esto puede ser difícil, pero es muy importante: dejar de seguir a las personas que te hacen sentir mal contigo mismo o evitar lugares que te hacen comparar.

## Recuerda que no ves toda la historia

Cada vez que te encuentres deslizándote, recuerda que no ves toda la historia. La gente se pondrá en un frente para que parezcan mejores de lo que sienten. Recuérdese este hecho para ayudarle a volver a una comprensión más realista.

## Sé ralladopor tu vida

Finalmente, encuentra maneras de mostrar más gratitud por ti mismo en tu propia vida. Mira cada cosa que amas de tu vida actual y repítela a ti mismo. A medida que haces una lista, probablemente encontrarás muchas más cosas que amar de lo queoriginalmente pensaste.

Si la comparación excesiva es algo con lo que lucha, es posible que desee comenzar su mañana o terminar su día con este consejo. Pronto te encontrarás más agradecido por tu propia vida y por tu propio yo.

## recauchutar

Es muy fácil compararse con los demás cada vez que se enfrentan a obstáculos, pero debe luchar contra este impulso. Compararse con los demás es perjudicial para superar los obstáculos, y es completamente irreal. Haz un esfuerzo consciente para dejar de compararte con los demás para despreocupartecon más éxito.

EMOTIONAL
INTELLIGENCE

# HABLEMOS DE RESILIENCIA EMOCIONAL

Cada vez que te enfrentas a cualquier desafío, es súper fácil dejarte llevar por tus emociones y sentirte desesperado. Cuando esto sucede, puede ser casi imposible superar el obstáculo en cuestión. Una forma de contrarrestar estasem ociones es a través de la resiliencia emocional.

**¿Qué es la resiliencia emocional?**

La resiliencia emocional es un talento para calmarse cada vez que te encuentras enfrentando una experiencia negativa. Esta experiencia negativa puede ser sus propias emociones, un obstáculo, o cualquierotra cosa que hace que su mente y las emociones a correr desenfrenadamente.

Todo el mundo nace con un poco de resiliencia emocional. Así es como todos somos naturalmente capaces de hacer frente al menos a algunos acontecimientos difíciles. Cuanto más viejos nos hacemos, nuestra resiliencia emocional seprofundiza, lo que nos permite manejar situaciones aún más difíciles.

Incluso puede mejorar intencionalmente su resiliencia emocional a través de prácticas, autocompasión y autoestima. Mejorar tu resiliencia emocional te ayudará a superar cualquier obstáculo que se nosvenga.

Puede ser útil pensar en la resiliencia emocional como un músculo. Todos los seres humanos sanos nacen con los músculos. A medida que nos hacemos más grandes, nuestros músculos también crecen. Algunas personas incluso se toman el tiempo para entrenar y apuntar a músculos específicos para crecer tan fuerte como seaposible.

Cada vez que nos encontramos con la necesidad de levantar algo o impresionar una posible fecha, podemos flexionar nuestros músculos. En otras palabras, usamos nuestros músculos todo el tiempo, pero podemos flexionarlos cuando queramos.

Nuestra resiliencia emocional es de la misma manera. La resilieemocional nos ayuda durante todo el día, pero puede ser necesaria más durante los eventos individuales.

## ¿Cómo te ayuda la resiliencia emocional a superar los obstáculos?

La resiliencia emocional es necesaria no solo para superar los obstáculos, sino para transformarlos en éxito. Soloa través de la resiliencia emocional sentimos que podemos manejar los desafíos y mejorar nuestra vida. Este es un aspecto crucial para superar obstáculos que no puedes ignorar.

Imaginemos una vida en la que no tuvieras resiliencia emocional. Podrías darte por vencido rápidamente, llorar y caer sobre ti mismo debido al obstáculo. No eres capaz de controlar tu mente o tus emociones, inhibiendo que superes el obstáculo.

Sin embargo, con la resiliencia emocional, usted sería capaz de calmar su mente y hablar racionalmentet o usted mismo. Esta habilidad entonces le ayudaría a pensar en estrategias racionales para superar el obstáculo para transformarlo en éxito.

## Elementos de resiliencia emocional

La gran parte de la resiliencia emocional es que puedes construirla. Ya sea que seasemocionalmente resiliente o no, siempre puedes aprender un poco más. En general, la resiliencia emocional implica tres elementos: los elementos físicos, los elementos mentales y los elementos sociales. Debes centrarte en todos los elementos para mejorar tu resiliencia emocional.

Loselementos físicos incluyen su energía, salud y vitalidad. Si estás enfermo y tu cuerpo no funciona como debería, es mucho más difícil ser emocionalmente resiliente. Si aún no lo haces, enfócate en comer buenas comidas nutritivas y hacer algo de ejerciciopara ayudar a mejorar turesiliencia emocional.

Los elementos mentales incluyen su autoestima, confianza en sí mismo, capacidad de ajuste, conciencia emocional, enfoque, autoexpresión y habilidades de razonamiento. Estos elementos son cruciales para tener una buena resiliencia emocional. Usted tendrá que hacer una gran cantidad de trabajo personal para apuntar a este elemento, dependiendo de sus necesidades exactas.

Por ejemplo, podrías tener problemas con la autoestima, pero ser muy bueno en tus habilidades de razonamiento. Si ese es el caso, es posible que desee ir a un terapeuta para talk a través de las razones por las que se siente negativamente acerca de sí mismo.

Otras personas podrían tener el problema opuesto. Pueden tener un gran autoesteem pero bajas habilidades de razonamiento. Esas personas podrían querer empezar a leer más para desafiar su cerebro.

Por último, el tercer elemento son los elementos sociales. Estas son sus relaciones interpersonales, habilidades de comunicación y cooperación. Los humanos no están diseñados para ser criaturas solitarias. Aumente su resiliencia emocional profundizando sus conexiones y habilidades de comunicación con los demás. Serán útiles cada vez que te enfrentes a un obstáculo.

## Construyendo resiliencia emocional

Siempre que quieras construir tu resiliencia emocional, lo mejor es abordar los tres elementos anteriores. Algunas personas pueden necesitar ayuda con el aspecto de la relación, pero ser genial con los otros dos. Reflexiona sobre ti mismo para averiguar qué elementos puedes necesitar mejorar. La mayoría de la gente necesita mejorar los tres hasta cierto punto.

A partir de ahí, necesitas ser observador acerca de tus propios pensamientos y acciones. Fíjate cada vez quela anguila se sienta mal contigo mismo o cuando sientas que pierdes el control. A medida que estés notando tus pensamientos y acciones, practica hablarte a ti mismo y la autocompasión.

Hablar de ti mismo implica relajar tus pensamientos. Vea si hay alguna contradicción o razones lógicas que vienen a su mente. Desacreditar estos pensamientos te ayudará a llegar a un lugar mucho más nivelado.

Además de enfocarse en usted mismo, tómese el tiempo para profundizar sus relaciones. Esto puede ser tan simple como programar un almuerzo consu padre, pero también podría ser tan intensivo como pedir ayuda a un amigo.

Es posible que incluso desee hablar sobre lo que ha estado encontrando en su búsqueda de autorreflexión mientras profundiza sus relaciones sociales.

Si usted está encontrando construir suresiliencia emo tional para ser increíblemente difícil, considere hablar con un terapeuta o profesional con licencia. Estos profesionales te ayudarán a identificar tus pensamientos problemáticos y a relajarlos para aumentar tu resiliencia emocional.

**recauchutar**

La resiliencia emocional es clave para superar cualquier obstáculo. Al igual que un músculo, su resiliencia emocional se puede crecer a través de pensamientos y acciones intencionales. Incluso si usted ya es emocionalmente resistente, continuar construyendo este músculo para ayudar a transformar cualquier obstáculo en éxito.

TURN CHALLENGES
INTO SUCCESS

# CONVERTIR LOS DESAFÍOS EN ÉXITO

Finalmente, hemos llegado al último capítulo de este libro. Hasta ahora, hemos hablado de la verdad sobre los obstáculos y cómo la percepción y la falsa ilusión de control determinan en gran medida su capacidad para superarlos. También hemos hablado sobre la identificación de obstacles, establecer metas, centrarse en uno mismo, y la resiliencia emocional para ayudarle a encontrar un camino a través de su obstáculo.

Pero, ¿cómo se transforma un obstáculo en éxito? Después de todo, simplemente superar el obstáculo no es lo mismo que tener éxito. En este capítulo,vamos a darte consejos cruciales no solo para superar tu obstáculo, sino para transformarlo en un poderoso símbolo de éxito en tu vida.

**Práctica, Práctica, Práctica**

Como dice el viejo refrán, la práctica hace la perfección. Para vencer cualquier obstáculo que se te vengaen tu camino, tienes que tener práctica en superarlos. Esto significa que transformar los obstáculos en éxito puede ser difícil al principio, pero se volverá más fácil a medida que avanza. Este es un hecho natural sobre la vida.

Practica todos los consejos anteriores cada vez que te enfrentes a un obstac le, no importa lo pequeño quepueda parecer el desafío. Piense en esto como entrenamiento de resiliencia de obstáculos. Esta capacitación te ayudará a tener el hábito de superar obstáculos para averiguar exactamente en qué necesitas trabajar dentro de ti mismo.

Si no sientes quetienes ningún obstáculo para practicar, probablemente no estés buscando lo suficiente. Los obstáculos son tan comunes en nuestra vida que la mayoría de ellos pasan desapercibidos. Eche un vistazo crítico a su vida cotidiana, y es probable que encuentre un obstáculo o dos escondidos allí.

## No te rindas

Algunos obstáculos serán más difíciles que otros. Asegúrese de no rendirse. Incluso si te sientes atascado y como el método no está funcionando, continuar perseverando. Sólo a través del esfuerzo continuo se pueden transformar los obstáculos en éxito.

Por supuesto, esto no es lo mismo que dejar ir cuando no vale la pena. Si tu instinto te está diciendo que no deberías estar estresando tanto sobre un tema determinado, entonces escúchalo.

Pero no te rindas simplemente porque el reto es difícil, o porque tienes miedo. Renunciar a laoreja sólo le hará daño. Además, es probable que te arrepientas en el futuro, ¡y la vida es demasiado corta para arrepentirte de cualquier acción!

## Manténgase optimista

Una de las mejores maneras de asegurarse de que no se rinda es mantenerse optimista. Como ya comentamos, siempre hay en leste uno positivo para cualquier obstáculo que te enfrentes. Mantén estos positivos en el ojo de tu mente para mantenerte optimista.

Además de mantenerte optimista sobre los obstáculos que enfrentas, mantente optimista sobre ti mismo también. Si siente que lucha con la autoconfiencia osu autoestima, hable con su médico. Se trata de cuestiones muy importantes que deben abordarse.

Mantente optimista sobre tu vida en su conjunto también. Incluso si aún no estás exactamente donde quieres estar, reconoce que estás más cerca de alcanzar tu metanunca antes. Esto le ayudará a mantenerse emocionado acerca de hacer frente a sus obstáculos, ya que ya está tan cerca de su objetivo final.

## Todavía no estás en claro

Una vez que superas el obstáculo en cuestión, puede ser tentador respirar un suspiro de alivio y pensar que estás en el claro. Aunque definitivamente debes celebrar y emocionarte por superar tu obstáculo, aún no estás claro.

Como hemos dicho muchas veces a lo largo de este libro, los obstáculos están en todas partes. El hecho de que superes uno no significa que vaya a ser fácil navegar de aquí en adelante. Muy pronto, otro obstáculo vendrá en su camino.

Prepárate para los próximos obstáculos al continuar empujándote, incluso cuando no te apetezca. Esto puede parecer excesivo, pero esta búsqueda continua de la mejora es lo que transformará sus obstáculos en éxito. Concéntrese en usted y en sumejora, incluso cuando el obstáculo ha terminado.

## recauchutar

La única manera de transformar completamente un obstáculo en éxito es incorporar lo que has aprendido de este libro en tu vida cotidiana. Mientras te enfrentas a un obstáculo y lo superas, continúa practicando y empujándote a usar estos métodos. Sólo entonces verás un cambio genuino internamente, que te permitirá tener éxito en otra parte de tu vida.

CONCLUSION

# conclusión

Los obstáculos son una parte inevitable de la vida, pero pueden ser increíblemente desafiantes. Obviamente, aprender a superar un obstáculo puede ponerte bajo mucha presión social o financiera. Además de eso, los obstáculos desafían su destreza emocional y mental, causando algunos para agrietarse bajo presión.

Sin embargo, con un poco de esfuerzo e intencionalidad, puedes superar obstáculos y transformarlos en éxito.

Sólo por reconocer que hay aspectos positivos en los obstáculos y que su percepción importa, usted largely quitar una gran parte del poder de los obstáculos. Además, reconocer que no tiene el control completo minimiza el número de obstáculos que puede enfrentar.

A partir de ahí, puedes abordar cualquier obstáculo con una mente nivelado y un poco de racionalidad. Esto le permiteidentificar obstáculos y establecer objetivos para un seguimiento activo. A medida que intentas alcanzar tus metas, enfócate en ti mismo y construye tu resiliencia emocional. Con solo hacer esto, estás casi garantizado para superar cualquier obstáculo.

El verdadero measure del éxito es cómo el obstáculo te impacta y te obliga a crecer. La única manera en que puedes transformar el obstáculo en éxito es arraigando las lecciones aprendidas en tu psique y mejorando tu vida. Continúe practicando, manténgase optimista y mejore  usted mismo para convertir cualquier obstáculo en una oportunidad para el éxito de verdad.

Les voy a advertir. El viaje no va a ser fácil. Va a haber momentos en los que quieras rendirte y pensar que todo tu trabajo duro no vale nada. Es en esos momentos en los quenecesitas mantenerte motivado y emocionado. Mantén la barbilla en pie, y vas a convertir obstáculos en éxito en muy poco tiempo.

esos momentos en los quenecesitas mantenerte motivado y emocionado. Mantén la barbilla en pie, y vas a convertir obstáculos en éxito en muy poco tiempo.

# legal

El material de este libro se obtuvo de InDigitalWorks.com con el Derecho de Participación Principal.

## Sin responsabilidad

Bajo ninguna circunstancia el creador del producto, programador o cualquiera de los distribuidores de este producto, o cualquier distribuidor, será responsable ante cualquier parte por cualquier daño directo, indirecto, punitivo, especial, incidental u otro daño consecuente que surja directa o indirectamente del uso de este producto. Este producto se proporciona "tal cual" y sin garantías.

El uso de este producto indica su aceptación de la política de "No responsabilidad". Si no está de acuerdo con nuestra política de "No responsabilidad", entonces no se le permite usar o distribuir este producto (si corresponde). La falta de lectura de este aviso en su totalidad no anula su aceptación de esta política en caso de que decida utilizar este producto.

La ley aplicable puede no permitir la limitación o exclusión de responsabilidad o daños incidentales o consecuentes, por lo que la limitación o exclusión anterior puede no aplicarse a usted.   La responsabilidad por daños y perjuicios, independientemente de la forma de la acción, no excederá la tarifa real pagada por el producto.

InDigitalWorks.com

**derechos de autor**

Copyright © 2021 CX Cruz Autoedición Todos los derechos reservados.

Ninguna parte de esta publicación puede ser reproducida, distribuida o transmitida en cualquier forma o por cualquier medio, incluyendo fotocopias, grabaciones u otros métodos electrónicos o mecánicos, sin el permiso previo por escrito del editor, excepto en el caso de citas breves incorporadas en revisiones y ciertos otros usos no comerciales permitidos por la ley de derechos de autor. La responsabilidad por daños y perjuicios, independientemente de la forma de la acción, no excederá la tarifa real pagada por el producto. Este libro electrónico ha sido escrito únicamente con fines informativos.

www.ingramcontent.com/pod-product-compliance
Lightning Source LLC
Chambersburg PA
CBHW061525250726
48657CB00005B/2091